Odilo Lechner (Hg.)

Die Lieblingsgebete der
Mönche und Nonnen

Odilo Lechner (Hg.)

Die Lieblingsgebete
der Mönche und Nonnen

Vier-Türme-Verlag

Bibliographische Information der Deutschen Bibliothek
Die Deutsche Bibliothek verzeichnet diese Publikation in der
Deutschen Nationalbibliographie. Detaillierte bibliographische
Daten sind im Internet über http://dnb.ddb.de abrufbar.

1. Auflage 2009
© Vier-Türme GmbH, Verlag, Münsterschwarzach 2009
Alle Rechte vorbehalten

Lektorat: Thomas H. Böhm
Umschlaggestaltung: Elisabeth Petersen, München
Umschlagmotiv: Jens Lohse, fotolia.com
Gesamtherstellung: Friedrich Pustet KG, Regensburg
ISBN 978-3-89680-403-7

www.vier-tuerme-verlag.de

Inhalt

Vorwort

Ist unser Gebet Routine geworden oder kommt es noch von Herzen? Besteht es nur aus Formeln oder bewegt es uns selbst? Können wir im Gebet Gemeinschaft mit Gott, untereinander und mit der Welt erfahren? Als Christinnen und Christen stehen wir immer wieder vor der Frage, wie wir richtig beten können.

Jeder darf im Gebet seinen ganz eigenen und persönlichen Weg zu Gott einschlagen. Wer zu Gott in Beziehung treten will, kann dies etwa auch mit frei formulierten Sätzen oder auch ohne Worte tun. Oft macht es aber auch Sinn, zu fragen, welche Gebete und Texte Menschen seit jeher angesprochen haben oder auch gerade heute ansprechen. Und wir dürfen diesen – im wahrsten Sinne des Wortes – »Gebetsschatz« auch miteinander teilen.

Diesem Sinn dient das vorliegende Buch, das alte und neue »Lieblingsgebete« und »Lieblingstexte« von Schwestern und Brüdern benediktinischer Klöster vereinigt. Es zeugt von einer Vielfalt der möglichen Zugänge zum Geheimnis Gottes, indem es Texte der Bibel, der Tradition, aber auch der Gegenwart aufgreift.

Die beteiligten Mönche und Nonnen machen aber auch deutlich, warum ihnen dieser oder jener Text wichtig ist. Denn das ist Grundbedingung jedes echten Betens: dass das gesprochene Wort von Herzen kommt und nicht nur in unserem Herzen, sondern auch in unserem Leben nachklingt.

Wir finden in dieser Sammlung Texte von großer spiritueller Reife, theologischer Dichte oder glühender Hingabe. Vielleicht übersteigen sie manchmal unser Verstehen oder unsere Liebesfähigkeit. Aber wir lassen uns von ihnen bereichern, erheben und verwandeln – gerade wenn wir sie immer wieder vor unser inneres Auge stellen und ihnen betend »nachgehen«.

Wir leben vom Wort, das uns anspricht und anruft. Wir leben im Wort, in dem wir Antwort geben. Das Geheimnis Gottes – das Geheimnis seiner Beziehung zu uns und unserer Beziehung zu ihm – lässt sich nicht begreifen oder in begrenzte Worte fassen.

Darum kann und wird unser Beten uns letztlich immer mehr zum Schweigen führen, zum Erahnen der wunderbaren Gegenwart Gottes in uns, zum einfachen Dasein vor Gott und zum stillen Einswerden mit ihm.

Benedikt von Nursia ordnet in seiner Ordensregel den Gottesdienst – das Lob Gottes, das Werk seiner Gnade in uns –, indem er den vielfältigen Reichtum der Heiligen Schrift, besonders der Psalmen zum gemeinsamen Singen und Beten erschließt. Er kennt aber auch das schlichte Gebet des Herzens in der Stille und die lautere Hingabe des Herzens: »Wenn einer für sich beten will, trete er einfach ein und bete, nicht mit lauter Stimme, sondern unter Tränen und mit wacher Aufmerksamkeit des Herzens.« (Regel Benedikts, 52,4)

Diese Haltung wünsche ich allen Menschen, die dieses Buch in Händen halten.

München, Advent 2008
Abt Odilo Lechner

Mit der Bibel beten

Danket dem Herrn, denn er ist gütig!

Danket dem Herrn, denn er ist gütig!
  – denn seine Huld währt ewig! –
Danket dem Gott der Götter!
  – denn seine Huld währt ewig! –
Danket dem Herrn der Herren!
  – denn seine Huld währt ewig! –
Er allein tut große Wunder:
  – denn seine Huld währt ewig! –
Er machte den Himmel in Weisheit.
  – denn seine Huld währt ewig! –
Er hat die Erde gefestigt über den Wassern.
  – denn seine Huld währt ewig! –
Er machte die großen Leuchten:
  – denn seine Huld währt ewig! –
die Sonne als Herrscher des Tages,
  – denn seine Huld währt ewig! –
als Herrscher der Nacht den Mond und die Sterne.
  – denn seine Huld währt ewig! –
In ihrer Erstgeburt schlug er die Ägypter.
  – denn seine Huld währt ewig! –
Er führte Israel aus ihrer Mitte
  – denn seine Huld währt ewig! –

mit starker Hand und ausgestrecktem Arme.
  – denn seine Huld währt ewig! –
Das Schilfmeer zerschnitt er in Teile.
  – denn seine Huld währt ewig! –
Er ließ Israel mitten hindurchziehn.
  – denn seine Huld währt ewig! –
Er warf den Pharao samt seinem Heer ins Schilfmeer.
  – denn seine Huld währt ewig! –
Er führte sein Volk durch die Wüste.
  – denn seine Huld währt ewig! –
Große Könige hat er geschlagen,
  – denn seine Huld währt ewig! –
mächtige Könige hat er getötet:
  – denn seine Huld währt ewig! –
Sihon, den König der Amoriter,
  – denn seine Huld währt ewig! –
Og, den König von Baschan.
  – denn seine Huld währt ewig! –
Er gab ihr Land zum Erbe,
  – denn seine Huld währt ewig! –
Israel, seinem Knecht, zum Erbe.
  – denn seine Huld währt ewig! –
Er gedachte unser in unsrer Erniedrigung.
  – denn seine Huld währt ewig! –

Er entriss uns unseren Feinden.
– denn seine Huld währt ewig! –
Nahrung gibt er allen Geschöpfen.
– denn seine Huld währt ewig! –
Danket dem Gott des Himmels!
– denn seine Huld währt ewig! –

Psalm 136

■ Dieser Psalm hat für mich eine große Bedeutung. Er entfaltet die Zeit vom Anfang der Welt, die ganze Weltgeschichte aus der Sicht des Himmels. Am Schluss ist der Gott, der alles von sich aus lenkt, wieder mit der Schöpfung im Himmel.

26 Mal wird der Vers wiederholt: »denn seine Huld währt ewig« und dadurch der Name Gottes geheiligt, dessen »Liebe bis in Ewigkeit währt«.

Theodor Lutz

Herr, du erforschst und du kennst mich

Herr, du erforschst und du kennst mich,
ob ich sitze oder stehe, du weißt es.
Meine Gedanken durchschaust du von ferne.
    Ob ich gehe oder ruhe – du ermisst es,
    du bist vertraut mit all meinen Wegen.
Mir kommt kein Wort auf die Zunge,
das du, o Herr, nicht schon wüsstest.
    Von hinten und von vorne hältst du mich umfangen,
    du legtest deine Hand auf mich.
Zu wunderbar für mich ist solches Wissen,
zu hoch – ich kann es nicht erfassen.
    Wohin soll ich gehen vor deinem Geist,
    wohin vor deinem Antlitz fliehen?
Stieg ich empor zum Himmel – du bist dort,
und legte ich mich nieder in der Unterwelt – du
    bist zugegen.
    Nähm ich der Morgenröte Flügel
    und ließe mich nieder am Ende des Meeres
– auch dort führt mich deine Hand,
und deine Rechte hält mich.
    Und sagte ich: »Die Finsternis soll mich verschlingen,
    wie sonst das Licht soll mich die Nacht umgeben!«

– vor dir ist auch die Finsternis nicht finster:
die Nacht strahlt wie der Tag,
wie das Licht ist die Finsternis.
  Du hast mein Innerstes gebildet,
  hast mich gewoben im Schoß meiner Mutter.
Ich danke dir, dass ich so staunenswert und
  wundersam gemacht bin.
Ja, das weiß ich: Wunderbar sind deine Werke!
  Dir waren meine Glieder nicht verborgen,
  als ich gestaltet wurde im Geheimen,
  kunstvoll gewirkt in den Tiefen der Erde.
Deine Augen sahen, wie ich entstand,
in deinem Buch war schon alles verzeichnet.
  Meine Tage waren schon gebildet,
  als noch keiner von ihnen da war.
Wie hoch, o Gott, sind mir deine Gedanken,
wie gewaltig ist ihre Fülle!
  Wollt ich sie zählen,
  es wären mehr als die Körner im Sand! –
  Ich erwache: und immer noch bin ich bei dir.
O Gott, vernichte doch den Frevler!
Ihr blutgierigen Menschen, lasst ab von mir!
  Sie reden gegen dich voll Arglist.
  Im Wahn erheben sich deine Gegner.

Sollten mir nicht verhasst sein, o Herr, die dich hassen?
Ein Greuel sind mir, die sich gegen dich empören!
Ganz und gar lehne ich sie ab!
Mir selber wurden sie zu Feinden!
Erforsche mich, Gott, und erkenne mein Herz,
prüfe mich, wisse um meine Gedanken!
Schau her, ob ich auf einem Weg bin, der dich kränkt,
und führe mich auf dem Weg der Ewigkeit!

Psalm 139

Dieser Psalm, den wir am Dienstag zum Nachtgebet singen, begleitet mich seit meinen ersten Klostertagen; ich singe und höre ihn jede Woche wieder mit Ergriffenheit.

Jeremias Schröder

In der Begleitung von kranken und alten Menschen ist mir der Psalm 139 stets ein guter Begleiter geworden. Bei allem was geschieht, wo ich keinen Weg mehr sehe, gilt die Zuversicht: Ich kann nicht tiefer fallen als in Gottes Hand.

Dominicus M. Meier

Mit dir ist die Weisheit

Gott der Väter und Herr des Erbarmens, du hast das All durch dein Wort gemacht. Den Menschen hast du durch deine Weisheit erschaffen, damit er über deine Geschöpfe herrscht. Er soll die Welt in Heiligkeit und Gerechtigkeit leiten [...].

Gib mir die Weisheit, die an deiner Seite thront, und verstoß mich nicht aus der Schar deiner Kinder!

Ich bin ja dein Knecht, der Sohn deiner Magd, ein schwacher Mensch, dessen Leben nur kurz ist, und gering ist meine Einsicht in Recht und Gesetz. [...]

Mit dir ist die Weisheit, die deine Werke kennt, und die zugegen war, als du die Welt erschufst.

Sie weiß, was dir gefällt, und was recht ist nach deinen Geboten.

Sende sie vom heiligen Himmel [...], damit sie bei mir sei und alle Mühe mit mir teile und damit ich erkenne, was dir gefällt.

Denn sie weiß und versteht alles; sie wird mich in meinem Tun besonnen leiten und mich in ihrem Lichtglanz schützen. Dann wird dir mein Handeln gefallen.

Buch der Weisheit 9,1–12 (in Ausschnitten)

16

Der große Salomo – der Verfasser des Weisheitsbuches – weiß, dass seine vielfältigen Aufgaben nur mit der Weisheit von oben gelingen. Es ist Gottes Heiliger Geist mit seinen Gaben, nach denen ich mich sehne.

Anselm Zeller

Du liebst alles, was ist

Du hast mit allen Erbarmen, weil du alles vermagst, und siehst über die Sünden der Menschen hinweg, damit sie sich bekehren. Du liebst alles, was ist, und verabscheust nichts von allem, was du gemacht hast; denn hättest du etwas gehasst, so hättest du es nicht geschaffen. Wie könnte etwas ohne deinen Willen Bestand haben, oder wie könnte etwas erhalten bleiben, das nicht von dir ins Dasein gerufen wäre? Du schonst alles, weil es dein Eigentum ist, Herr, du Freund des Lebens.

Buch der Weisheit 11,23–26

■ Die Kraft dieses Gebetstextes aus dem Buch der Weisheit hat meiner Seele in vielen Situationen geholfen zu überleben. Er bestätigt in wunderbarer Weise die Weisung unseres Ordensvaters Benediktus: »An Gottes Barmherzigkeit niemals verzweifeln.« (RB 4,74)

Johanna Mayer

Meine Seele preist die Größe des Herrn

Meine Seele preist die Größe des Herrn,
und mein Geist jubelt über Gott, meinen Retter.
Denn auf die Niedrigkeit seiner Magd hat er geschaut.
Siehe, von nun an preisen mich selig alle Geschlechter!
Denn der Mächtige hat Großes an mir getan,
und sein Name ist heilig.
Er erbarmt sich von Geschlecht zu Geschlecht
über alle, die ihn fürchten.
Er vollbringt mit seinem Arm machtvolle Taten;
er zerstreut, die im Herzen voll Hochmut sind;
er stürzt die Mächtigen vom Thron
und erhöht die Niedrigen.
Die Hungernden beschenkt er mit seinen Gaben
und lässt die Reichen leer ausgehn.
Er nimmt sich seines Knechtes Israel an
und denkt an sein Erbarmen,
das er unseren Vätern verheißen hat,
Abraham und seinen Nachkommen auf ewig.

Lukas 1,46–55

Dieser Text – das Magnificat – ist täglich unser gemeinsames Gebet: Gott ist treu und er wirkt Großes Tag für Tag.

Markus Haering

Vater unser im Himmel

Vater unser im Himmel,
geheiligt werde dein Name;
dein Reich komme;
dein Wille geschehe,
wie im Himmel so auf Erden.
Unser tägliches Brot gib uns heute.
Und vergib uns unsere Schuld,
wie auch wir vergeben unsern Schuldigern;
und führe uns nicht in Versuchung,
sondern erlöse uns von dem Bösen.

Nach Matthäus 9,6–13

■ Das Vaterunser ist so etwas wie das »Ur-Gebet«. Benedikt empfiehlt, dass es jeden Tag mehrfach laut und vernehmlich gebetet werden soll, »denn immer wieder gibt es Ärgernisse, die wie Dornen verletzen«. Das Vaterunser ist außerdem das Gebet, mit dem wir dem zustimmen oder zuzustimmen versuchen, dass nicht unser Wille, sondern der Wille Gottes geschehe.
Lucia Wagner

Gebete aus der Tradition

Komm herab, o Heil'ger Geist – Pfingstsequenz

Die Pfingstsequenz findet sich hier dreimal abgedruckt. Neben dem lateinischen Originaltext stehen eine wörtliche Übersetzung und dann eine poetische Übertragung. So kann jeder den Zugang zum Text finden, der ihn persönlich am meisten entspricht.

Lateinischer Text

Veni, Sancte Spiritus,
Et emitte caelitus
Lucis tuae radium.

Veni, pater pauperum,
Veni, dator munerum,
Veni, lumen cordium.

Consolator optime,
Dulcis hospes animae,
Dulce refrigerium.

In labore requies,
In aestu temperies,
In fletu solacium.

O lux beatissima,
Reple cordis intima
Tuorum fidelium.

Sine tuo numine
Nihil est in homine,
Nihil est innoxium.

Lava quod est sordidum,
Riga quod est aridum,
Sana quod est saucium.

Flecte quod est rigidum,
Fove quod est frigidum,
Rege quod est devium.

Da tuis fidelibus
In te confidentibus
Sacrum septenarium,

Da virtutis meritum,
Da salutis exitum,
Da perenne gaudium.
Amen.

Wörtliche Übersetzung

Komm, heiliger Geist,
Und sende himmlisch
Deines Lichtes Strahl aus.

Komm, Vater der Armen,
Komm, Geber der Gaben,
Komm, Licht der Herzen.

Bester Tröster,
Süßer Gast der Seele,
Süße Erfrischung.

In der Mühe bist du Ruhe,
In der Hetze Mäßigung,
Im Weinen Trost.

O seligstes Licht,
Erfülle das Herzensinnere
Deiner Gläubigen.

Ohne deinen Wink
Ist nichts im Menschen,
Ist nichts unschuldig.

Wasche, was schmutzig ist,
Bewässere, was trocken ist,
Heile, was verwundet ist.

Beuge, was starr ist,
Wärme, was kalt ist,
Lenke, was vom Weg weg ist.

Gib deinen Gläubigen,
Die auf dich vertrauen,
Die siebenfache heilige Gabe.

Gib der Tugend Verdienst,
Gib des Heiles Ausgang (Erfolg),
Gib beständige Freude.
Amen.

Martin Bachmaier

Übertragung

Komm herab, o Heil'ger Geist,
der die finstre Nacht zerreißt,
strahle Licht in diese Welt.

Komm, der alle Armen liebt,
komm, der gute Gaben gibt,
komm, der jedes Herz erhellt.

Höchster Tröster in der Zeit,
Gast, der Herz und Sinn erfreut,
köstlich Labsal in der Not,

in der Unrast schenkst du Ruh,
hauchst in Hitze Kühlung zu,
spendest Trost in Leid und Tod.

Komm, o du glückselig Licht,
fülle Herz und Angesicht,
dring bis auf der Seele Grund.

Ohne dein lebendig Wehn
kann im Menschen nichts bestehn,
kann nichts heil sein noch gesund.

Was befleckt ist, wasche rein,
Dürrem gieße Leben ein,
heile du, wo Krankheit quält.

Wärme du, was kalt und hart,
löse, was in sich erstarrt,
lenke, was den Weg verfehlt.

Gib dem Volk, das dir vertraut,
das auf deine Hilfe baut,
deine Gaben zum Geleit.

Lass es in der Zeit bestehn,
deines Heils Vollendung sehn
und der Freuden Ewigkeit.
Amen.

Maria Luise Thurmair und Markus Jenny

■ Nirgendwo sonst wird die kraftvoll-wehende Zärtlichkeit des Geistes Gottes so schön besungen.
Jeremias Schröder

■ Seitdem ich mich intensiv mit dem Glauben und der Lehre vom Heiligen Geist befasse, ist mir dieses klassische Lied, das von seinem Wirken handelt, sehr ans Herz gewachsen. Es steht für mich am Anfang eines jeden Tages und inspiriert mein übriges Beten und Tun.

Die Liebe zu ihm verbindet mich mit großen Betern: So hat es Romano Guardini täglich gebetet und auch für Alfred Delp wurde es in der Zeit zwischen Verhaftung und Hinrichtung zum »Tischgebet aus den Hungerwochen«.

Christian Schütz

■ Auf ausdrucksstarke Weise wird das vielfältige Wirken des Heiligen Geistes am Menschen in diesem Gebet ins Wort gebracht.

Johannes Eckert

■ Alles, was mir an Not begegnet, alle Menschen, um die ich mich sorge, kann ich mit diesem Gebet vor Gott hintragen.

Lucia Wagner

Veni, Creator Spiritus – Komm, Heilger Geist

Veni, Creator Spiritus,
mentes tuorum visita:
imple superna gratia,
quae tu creasti pectora.

Qui diceris Paraclitus,
donum Dei altissimi,
fons vivus, ignis, Caritas
et spiritalis unctio.

Tu septiformis munere,
dextrae Dei tu digitus,
tu rite promissum Patris
sermone ditans guttura.

Accende lumen sensibus,
infunde amorem cordibus,
infirma nostri corporis
virtute firmans perpeti.

Hostem repellas longius
pacemque dones protinus;

ductore sic te praevio
vitemus omne noxium.

Per te sciamus da Patrem
noscamus atque Filium,
te utriusque Spiritum
credamus omni tempore.
Amen.

Hrabanus Maurus zugeschrieben

Komm, Heilger Geist, der Leben schafft,
erfülle uns mit deiner Kraft.
Dein Schöpferwort rief uns zum Sein:
nun hauch uns Gottes Odem ein.

Komm, Tröster, der die Herzen lenkt,
du Beistand, den der Vater schenkt;
aus dir strömt Leben, Licht und Glut,
du gibst uns Schwachen Kraft und Mut.

Dich sendet Gottes Allmacht aus
im Feuer und in Sturmes Braus;

du öffnest uns den stummen Mund
und machst der Welt die Wahrheit kund.

Entflamme Sinne und Gemüt,
dass Liebe unser Herz durchglüht
und unser schwaches Fleisch und Blut
in deiner Kraft das Gute tut.

Die Macht des Bösen banne weit,
schenk deinen Frieden allezeit.
Erhalte uns auf rechter Bahn,
dass Unheil uns nicht schaden kann.

Lass gläubig uns den Vater sehn,
sein Ebenbild, den Sohn, verstehn
und dir vertraun, der uns durchdringt
und uns das Leben Gottes bringt.

Den Vater auf dem ewgen Thron
und seinen auferstanden Sohn,
dich, Odem Gottes, Heilger Geist,
auf ewig Erd und Himmel preist.
Amen.

Übertragung von Friedrich Dörr

Dieser Text ist für mich – wie auch die vorausgehende Pfingstsequenz – eine Auslegung des Zitats aus dem Römerbrief: »Der Geist nimmt sich unserer Schwachheit an.« (Röm 8,26)

Der Hymnus bringt die Gewissheit der Stärkung (Firmung) zum Ausdruck.

Johannes Eckert

Adoro te devote –
In Demut bet' ich dich, verborgne Gottheit, an

Adoro te devote, latens Deitas,
Quae sub his figuris vere latitas:
Tibi se cor meum totum subiicit,
Quia te contemplans totum deficit.

Visus, tactus, gustus in te fallitur,
Sed auditu solo tuto creditur.
Credo quidquid dixit Dei Filius:
Nil hoc verbo Veritatis verius.

In cruce latebat sola Deitas,
At hic latet simul et humanitas;
Ambo tamen credens atque confitens,
Peto quod petivit latro paenitens.

Plagas, sicut Thomas, non intueor;
Deum tamen meum te confiteor.
Fac me tibi semper magis credere,
In te spem habere, te diligere.

O memoriale mortis Domini!
Panis vivus, vitam praestans homini!
Praesta meae menti de te vivere
Et te illi semper dulce sapere.

Pie pellicane, Iesu Domine,
Me immundum munda tuo sanguine.
Cuius una stilla salvum facere
Totum mundum quit ab omni scelere.

Iesu, quem velatum nunc aspicio,
Oro fiat illud quod tam sitio;
Ut te revelata cernens facie,
Visu sim beatus tuae gloriae.
Amen.

Thomas von Aquin

Deutsche Übertragung

In Demut bet' ich dich, verborgne Gottheit, an,
die du den Schleier hier des Brotes umgetan.
Mein Herz, das ganz in dich anschauend sich versenkt,
sei ganz dir untertan, sei ganz dir hingeschenkt.

Gesicht, Gefühl, Geschmack betrügen sich in dir,
doch das Gehör verleiht den sichern Glauben mir.
Was Gottes Sohn gesagt, das glaub' ich hier allein,
es ist der Wahrheit Wort, und was kann wahrer sein?

Am Kreuzesstamme war die Gottheit nur verhüllt,
hier hüllt die Menschheit auch sich gnädig in ein Bild.
Doch beide glaubt mein Herz, und sie bekennt mein
   Mund,
wie einst der Schächer tat in seiner Todesstund'.

Die Wunden seh' ich nicht, wie Tomas einst sie sah,
doch ruf ich: Herr, mein Gott, du bist wahrhaftig da!
O gib, dass immer mehr mein Glaub' lebendig sei,
mach meine Hoffnung fest, mach meine Liebe treu.

O Denkmal meines Herrn an seinen bittern Tod,
o lebenspendendes und selbst lebend'ges Brot!
Gib, dass von dir allein sich meine Seele nährt
Und deine Süßigkeit stets kräftiger erfährt.

O guter Pelikan, o Jesus, höchstes Gut!
Wasch rein mein unrein Herz mit deinem teuren Blut.
Ein einz'ger Tropfen schafft die ganze Erde neu,
wäscht alle Sünder rein, macht alle schuldenfrei.

O Jesus, den verhüllt jetzt nur mein Auge sieht,
wann stillst das Sehnen du, das in der Brust mir glüht:
dass ich enthüllet dich anschau' von Angesicht
und ewig selig sei in deiner Glorie Licht.

Aus dem »Großen Sonntagsschott«

Der heilige Thomas von Aquin hat als Theologe seinen tiefen Glauben an die Gegenwart Christi im Sakrament des Altares in einem wundervollen Gebet, dem »Adoro te devote«, ausgedrückt. Besonders lieb ist mir die obige deutsche Übersetzung.
Theodor Lutz

Nach dem Mittagessen gehen wir in der Abtei Mehrerau in die St. Agatha-Kapelle, wo aus dem Nekrologium die Namen der an diesem Tag Verstorbenen verlesen werden und für sie gebetet wird.

Darauf folgt ein Gebet für die Erhaltung des Klosters und eine kurze Anbetung des im Sakrament der Eucharistie gegenwärtigen Heilands Jesus Christus. Dabei bete ich fast täglich den Hymnus »Adoro te devote« des heiligen Thomas von Aquin.
Kassian Lauterer

Nacht und Gewölk und Finsternis

Nacht und Gewölk und Finsternis,
verworrnes Chaos dieser Welt,
entweicht und flieht! Das Licht erscheint,
der Tag erhebt sich: Christus naht.

Jäh reißt der Erde Dunkel auf,
durchstoßen von der Sonne Strahl,
der Farben Fülle kehrt zurück
im hellen Glanz des Taggestirns.

So soll, was in uns dunkel ist,
was schwer uns auf dem Herzen liegt,
aufbrechen unter deinem Licht
und dir sich öffnen, Herr und Gott.

Dich, Christus, suchen wir allein
mit reinem, ungeteiltem Sinn,
dir beugen willig wir das Knie
mit Bitten und mit Lobgesang.

Blick tief in unser Herz hinein,
sieh unser ganzes Leben an:

Noch manches Arge liegt in uns,
was nur dein Licht erhellen kann.

Dir, Christus, guter Herr und Gott,
dem ew'gen Vater, der uns liebt,
dem Heil'gen Geist, der bei uns ist,
sei Lob und Dank in Ewigkeit.
Amen.

Hymnus der Laudes

■ Vor allem die 3. Strophe dieses jeden Mittwoch in den Laudes gesungenen Hymnus (deutsche Übersetzung des aus der Karolingerzeit stammenden lateinischen Hymnus »Ecce iam noctis tenuatur umbra«) spricht mich immer neu an. Es ist meine innige Bitte, dass Gottes Licht auch meine dunkelsten Tiefen erreicht.

Lucia Wagner

Anima Christi, sanctifica me –
Seele Christi, heilige mich

Anima Christi, sanctifica me.
Corpus Christi, salva me.
Sanguis Christi, inebria me.
Aqua lateris Christi, lava me.
Passio Christi, conforta me.
O bone Iesu, exaudi me.
Intra tua vulnera absconde me.
Ne permittas me separari a te.
Ab hoste maligno defende me.
In hora mortis meae voca me.
Et iube me venire ad te,
ut cum Sanctis tuis laudem te
in saecula saeculorum.
Amen.

Seele Christi, heilige mich
Leib Christi, erlöse mich
Blut Christi, berausche mich
Wasser der Seite Christi, wasche mich
Leiden Christi, stärke mich

O guter Jesus, erhöre mich
Von Dir lass niemals trennen mich
Vor dem bösen Feinde beschütze mich
In meiner Todesstunde rufe mich
Zu Dir zu kommen heiße mich
Mit Deinen Heiligen zu loben Dich
In Deinem Reiche ewiglich!
Amen.

Lieblingsgebet des Ignatius von Loyola

■ Dieses spätmittelalterliche Gebet liebe ich sehr, da es mich Geborgenheit in Jesus Christus lehrt.
Maria Magdalena Zunker

■ Dieser Text ist mein Kommuniongebet – ich werde offen für alles, was Christus in mir wirken will, jetzt und bis in die Stunde des Todes.
Odilo Lechner

Schirme uns, glorreicher Vater

Heiliger Vater Benedikt, von Gott der Gnade und dem Namen nach gesegnet, du hast dich mit zum Himmel erhobenen Händen stehend und betend selig deinem Schöpfer zurückgegeben; du hast der heiligen Gertrud versprochen, alle, die dich an deinen glorreichen Tod und deine himmlischen Freuden erinnern, in ihrem Todeskampf gegen jegliche Anschläge des Feindes kraftvoll zu beschützen. Schirme uns, glorreicher Vater, heute und jeden Tag mit deinem heiligen Segen, damit wir durch nichts Böses von unserem Herrn Jesus Christus und von der Gemeinschaft mit dir und allen Heiligen getrennt werden. Durch denselben Christus, unsern Herrn. Amen!

Aus dem Beuroner Oblatenbuch

■ Das bewusste Sterben des heiligen Benedikt hat mich immer schon sehr beeindruckt. So bete ich fast täglich dieses alte Gebet »um eine gute Sterbestunde«.

Theodor Lutz

Sende Deinen Frieden unter die Menschen

Herr Jesus Christus, durch das Blut, das aus deiner Seite floss, hast du über höchste Höhen und tiefste Tiefen den Frieden gebreitet. Sende Deinen Frieden unter die zürnenden Menschen. Versöhne die Entzweiten und säe unter sie deinen Frieden. Der du lebst und herrschest in Ewigkeit. Amen.

Benediktinisches Antiphonale

■ Dieses Gebet beten wir in Münsterschwarzach am Freitag in der Mittagshore. Und immer wieder berührt es mich. In ihm wird das Geheimnis des Kreuzes in einer wunderbaren Weise verkündet. Durch das Kreuz gelangt der Friede Gottes in alle Höhen und Tiefen der Erde. Das Kreuz ist Bild für die Einheit aller Gegensätze, für Himmel und Erde, Licht und Dunkel, Mann und Frau. In alle Bereiche unseres Lebens und in die ganze Welt hinein gelangt der Friede, der gerade am Kreuz sichtbar wird, das ja eigentlich Zeichen für Gewalt und Aggression ist.

Anselm Grün

Bekleide mich mit dem neuen Menschen

Zur Tunika
Bekleide mich, Herr, mit dem neuen Menschen,
der nach dem Bilde Gott geschaffen ist
in Gerechtigkeit und wahrer Heiligkeit.

Zum Zingulum
Gerechtigkeit sei der Gürtel meiner Hüften;
er soll mich stets daran erinnern,
dass ein anderer mich gürten und führen wird,
wohin ich nicht will.

Zum Skapulier
Ich will das Joch unseres Herrn Jesus Christus anlegen
und seine Last tragen,
die mild ist und leicht.
Im Namen des Vaters und des Sohnes
und des Heiligen Geistes.
Amen.

■ Diesen Text erhalten unsere Novizen bei der Einkleidung, in der sie unsere Ordenstracht übernehmen. Er ist in Anlehnung an den Ritus der Einkleidung des alten monastischen Rituales der Beuroner Kongregation formuliert. Er kann jeden Menschen an seine eigene Berufung erinnern.

Theodor Hogg

Heute beten

Gott im Lachen der Kinder

Gott
im Lachen der Kinder
erklingt Lust auf deine Schöpfung

im Spielen der Kinder
Neugierde auf Leben

im Reden der Kinder
öffnen sich Türen
zu deinem Reich

in der Nähe der Kinder
bist du uns nahe

wir suchen ihre Nähe
um dir nah zu sein.

Karl-Heinz Bothe

Kinder sind ein Geschenk Gottes. Wer in ihre großen, suchenden Augen schaut, erahnt etwas von dem Lebensatem, den Gott in einen jeden Menschen gelegt hat. Wer in das Gesicht eines Kindes schaut, spürt etwas von der liebenden Gegenwart Gottes in uns.

Dominicus M. Meier

Komm, Heiliger Geist

Komm, Heiliger Geist,
Geist der Liebe,
wesend zwischen Gott, dem Vater,
und seinem Sohn Jesus Christus!
Du hast Jesus ganz erfüllt,
ihn nie verlassen,
auf ihm geruht.

Komm, und erbarme dich unser,
weil er uns aus unbegreiflicher Liebe
als Brüder und Schwestern angenommen hat.

Sei du der Atem unseres Lebens,
beseele uns mit Liebe,
die wir ohne dich nicht
wirklich genug lieben können.
Führe uns die Schritte,
die wir ohne dich nicht
wirklich und aufrichtig und weit genug gehen können.
Beseele unser Denken, Wollen und Fühlen,
unser Handeln und Bemühen,
beseele unser Wissen und unser Fragen,

unsere Ängste und Hoffnungen
und steh uns bei, wo wir Gefahr laufen,
unsere Seele zu verlieren.
Beseele unser Werden,
unseren Dienst in dieser Welt,
unsere Worte und unsere Stille
mit der ganzen Wahrheit Jesu,
der unser Glück und unsere Erlösung ist,
der gesagt hat, dass du kommen
und uns alles Nötige lehren wirst,
wenn wir es nur lernen wollen.

Komm, Heiliger Geist,
sieh wie wir dich überall ersehnen,
höre uns rufen,
erbarme dich unser
und komm wie der immer neue
Atem Gottes
In unser Leben.
Amen.

Johanna Domek

Aus dem Geist zu leben ist die wesentliche Aufgabe von Christinnen und Christen. Wenn der Geist Gottes zum Atem unseres Lebens wird und uns durch und durch durchdringt, dann können wir aufatmen, denn wir haben dann schon Anteil an der Freiheit Gottes, die uns leben lässt.

Johanna Domek

O Gott, ich bete dich an

O Gott, ich bete dich an:
du Weisheit, die mich erdacht,
du Wille, der mich gewollt,
du Macht, die mich geschaffen,
du Gnade, die mich erhoben,
du Stimme, die mich ruft,
du Wort, das zu mir spricht,
du Güte, die mich beschenkt,
du Vorsehung, die mich leitet,
du Barmherzigkeit, die mir vergibt,
du Liebe, die mich umfängt,
du Geist, der mich belebt,
du Ruhe, die mich erfüllt,
du Heiligkeit, die mich wandelt,
dass ich nimmer ruhe, bis ich dich schaue:
O Gott, ich bete dich an.

◼ Ich preise Gott und mir wird gleichzeitig dankbar bewusst, womit Er mich beschenkt hat.
   Markus Haering

Gebet der Schildkröte

Ein bisschen Geduld,
lieber Gott,
ich komme schon!
Man muss seine Natur nehmen, wie sie ist!
Nicht ich habe sie gemacht!
Ich möchte keineswegs
dies Haus auf meinem Rücken kritisieren:
Es hat sein Gutes.
Aber gib zu, Herr:
Es ist reichlich schwer zu tragen!
Nun ja, lass
diesen Panzer und mein Herz
– die doppelte Klausur –
für Dich nicht ganz und gar verschlossen sein.
Amen.

Carmen Bernos de Gasztold

In mühsamen Zeiten mit meinen Stärken und
Schwächen unterwegs bleiben – auf Gott zu.
Markus Haering

Ich steh vor dir mit leeren Händen, Herr

Ich steh vor dir mit leeren Händen, Herr;
fremd wie dein Name sind mir deine Wege.
Seit Menschen leben, rufen sie nach Gott;
mein Los ist Tod, hast du nicht andern Segen?
Bist du der Gott, der Zukunft mir verheißt?
Ich möchte glauben, komm mir doch entgegen.

Von Zweifeln ist mein Leben übermannt,
mein Unvermögen hält mich ganz gefangen.
Hast du mit Namen mich in deine Hand,
in dein Erbarmen fest mich eingeschrieben?
Nimmst du mich auf in dein gelobtes Land?
Werd ich dich noch mit neuen Augen sehen?

Sprich du das Wort, das tröstet und befreit
und das mich führt in deinen großen Frieden.
Schließ auf das Land, das keine Grenzen kennt,
und lass mich unter deinen Söhnen leben.
Sei du mein täglich Brot, so wahr du lebst.
Du bist mein Atem, wenn ich zu dir bete.

Huub Oosterhuis, dt. Übertragung Lothar Zenetti

Ein Lied für Stunden, in denen uns Gott als der »ganz Andere« entgegentritt!

Johanna Mayer

Ein Stück Brot

Ein Stück Brot
in meiner Hand
mir gegeben

dass ich lebe
dass ich liebe
dass ich Speise bin
für die anderen

Ein Schluck Wein
in meinem Mund
mir gegeben

dass ich lebe
dass ich liebe
dass ich Trank bin
für die anderen

Lothar Zenetti

■ Ein Meditationstext zur Vorbereitung auf den Empfang der eucharistischen Gaben.

Johanna Mayer

Gebete bekannter Menschen

Atme in mir, du Heiliger Geist

Atme in mir, du Heiliger Geist,
dass ich Heiliges denke.
Treibe mich,
du Heiliger Geist,
dass ich Heiliges tue.
Locke mich, du Heiliger Geist,
dass ich Heiliges liebe.
Stärke mich, du Heiliger Geist,
dass ich Heiliges hüte.
Hüte mich, du Heiliger Geist,
dass ich das Heilige nimmer verliere.

Augustinus zugeschrieben

Ich lebe, indem ich atme – ohne Gottes Geist in mir, ohne sein Locken und sein Stärken bin ich starr und verschlossen, werde ich müde und bitter.
Odilo Lechner

Siehe, Herr, vor dir liegt mein Herz!

Siehe, Herr, vor dir liegt mein Herz! Es will, aber aus sich kann es nicht. Leiste du, was es selbst nicht kann! Führe mich hinein in das Gemach deiner Liebe! Ich bitte dich, ich suche, ich klopfe an! Du gibst das Bitten, gib auch das Empfangen! Du gibst das Suchen, gib auch das Finden! Du lehrst anzuklopfen, öffne dem Klopfenden!

Wem wirst du etwas geben, wenn du es dem Bittenden verweigerst? Wer wird finden, wenn der Suchende vergeblich umherspäht? Wem wirst du öffnen, wenn du dem Klopfenden schließest? Was wirst du dem geben, der nicht bittet, wenn du dem Bittenden deine Liebe versagst?

Von dir habe ich das Verlangen, von dir komme mir auch die Erfüllung! Hange ihm an, hange ihm an mit Ungestüm, meine Seele!

Guter, guter Herr, stoße meine Seele nicht zurück! Sie ist matt und hungert nach deiner Liebe. Erquicke sie, deine Güte sättige sie, deine Zuneigung stärke sie, deine Liebe erfülle sie! Sie nehme mich ganz in Besitz, denn du bist mit dem Vater und dem Heiligen Geist der alleinige Gott, gepriesen in alle Ewigkeit! Amen.

Anselm von Canterbury

Anselm beschließt seine Betrachtung über die Erlösungstat Christi mit einem Gebet. Darin deckt er die geheimen Fasern seines Gott suchenden Herzens auf. Den offenen Blick in diese Tiefe empfinde ich als befreiend ehrlich und bereichernd für jeden, der es »professionell« mit religiösem Leben zu tun hat.

Christian Schütz

Gib mir Einsicht und Kraft

*Allmächtiger, ewiger, gerechter und barmherziger Gott,
hilf mir, in allen Situationen meines Lebens das zu tun,
was ich als deinen Willen erkannt habe.
Gib mir die Einsicht und Kraft, immer das zu wollen,
was dir gefällt, damit ich innerlich geläutert und erleuchtet, und erfüllt vom Feuer des Heiligen Geistes,
den Spuren deines geliebten Sohnes folgen kann, unseres
Herrn Jesus Christus.
Allein durch deine Gnade können wir zu dir, dem
Allerhöchsten, gelangen, der du lebst und herrschst in
dreifaltiger Einheit.
Ehre sei dir, allmächtiger Gott,
von Ewigkeit zu Ewigkeit.*

Franz von Assisi

Das Erkennen und Tun des Willens Gottes ist
grundlegend für ein christliches Leben. Dieses schöne
Gebet das heiligen Franziskus bittet darum.
Theodor Hogg

Erleuchte die Finsternis meines Herzens –
Gebet vor dem Kreuzbild von San Damiano

Höchster, glorreicher Gott, erleuchte die Finsternis meines Herzens und schenke mir rechten Glauben, gefestigte Hoffnung und vollendete Liebe. Gib mir, Herr, das rechte Empfinden und Erkennen, dass ich deinen heiligen und wahrhaften Auftrag erfülle.

Franz von Assisi

Wichtig geworden ist mir in meinem Leben dieses Gebet um Erleuchtung. Ich bete es täglich, um mein Herz für Gottes Geist zu öffnen. Die drei göttlichen Tugenden, um die Franziskus gleichzeitig bittet, weisen für die Unterscheidung des Geistes auch den rechten Weg: Jene Impulse kommen von Gott, welche in mir rechten Glauben (Übereinstimmung mit dem Evangelium und mit der Lehre der Kirche), gefestigte Hoffnung (Zuversicht und Mut) und vollendete Liebe (jede Entscheidung ein Schritt in die je größere Gottes- und Nächstenliebe) wachrufen.

Marian Eleganti

O du brennender Gott in deiner Sehnsucht!

O du gießender Gott in deiner Gabe!
O du fließender Gott in deiner Minne!
O du brennender Gott in deiner Sehnsucht!
O du schmelzender Gott in der Einung
  mit deinem Lieb!
O du ruhender Gott an meinen Brüsten!
Ohne dich kann ich nicht mehr sein.

Mechthild von Magdeburg

Der Gedanke von der Sehnsucht Gottes nach uns Menschen, der dieses ganze Gebet durchzieht, ergreift mich immer wieder von neuem ganz tief.
Assumpta Schenkl

Wir loben dich, Herr, dass du uns erhöht hast in deiner Liebe

Wir loben dich, Herr,
dass du uns gesucht hast in deiner Demut.
Wir loben dich, Herr,
dass du uns behalten hast in deiner Barmherzigkeit.
Wir loben dich, Herr,
dass du uns geehrt hast mit deinem Leiden und
deiner Schmach.
Wir loben dich, Herr,
dass du uns erquickt hast in deiner Güte.
Wir loben dich, Herr,
dass du uns geordnet hast in deiner Weisheit.
Wir loben dich, Herr,
dass du uns beschirmt hast mit deiner Macht.
Wir loben dich, Herr,
dass du uns geheiligt hast durch deinen Adel.
Wir loben dich, Herr,
dass du uns erleuchtet hast in deiner Vertraulichkeit.
Wir loben dich, Herr,
dass du uns erhöht hast in deiner Liebe.

Mechthild von Magdeburg

■ Ich liebe diesen Text, weil er mir bewusst macht, wie sehr wir die unfassbare Güte und Barmherzigkeit Gottes ohne Ende loben und preisen sollten.

Assumpta Schenkl

Ich muss von allen Dingen
weg zu Gott hingehn

Der Fisch kann im Wasser nicht ertrinken,
der Vogel in den Lüften nicht versinken,
das Gold ist im Feuer nie vergangen,
denn es wird dort Klarheit
und leuchtenden Glanz empfangen.
Gott hat allen Kreaturen das gegeben,
dass sie ihrer Natur gemäß leben.
Wie könnte ich denn meiner Natur widerstehn?
Ich muss von allen Dingen weg zu Gott hingehn,
der mein Vater ist von Natur,
mein Bruder nach seiner Menschheit,
mein Bräutigam von Minnen
und ich seine Braut ohne Beginnen.

Mechthild von Magdeburg

■ Es bewegt mich tief, zu denken, dass es unserer Natur entspricht, in Gott zu leben.
Assumpta Schenkl

Hingabe

Mein Herr und mein Gott,
nimm alles von mir, was mich hindert zu dir.

Mein Herr und mein Gott,
gib alles mir, was mich fördert zu dir.

Mein Herr und mein Gott,
nimm mich mir und gib mich ganz zu eigen dir.

Klaus von Flüe

Dieses kurze Gebet enthält – auch für mich – ein ganzes Lebensprogramm.
Emmeram Kränkl

Ich bete dieses Gebet von Bruder Klaus von Flüe (1417–1487) täglich. Es soll mich immer neu daran erinnern, dass die vollkommene Hingabe ein Geschenk ist.
Martin Werlen

Herz-Jesu-Gebet

Heiligstes Herz Jesu, du Inbegriff der Liebe,
sei Du uns Schutz im Leben
und Unterpfand des ewigen Heils.
Sei Du uns Stärke in Schwachheit und
Unbeständigkeit.
Sei Du die Sühne für alle Sünden unseres Lebens.

Du Herz der Milde und Güte,
sei unsere Zuflucht in der Stunde unseres Todes.
Sei unsere Rechtfertigung vor Gott.
Wende ab von uns die Strafe seines gerechten Zornes.

Herz der Liebe,
auf Dich setzen wir unser ganzes Vertrauen.
Von unserer Bosheit fürchten wir alles;
aber von Deiner Liebe hoffen wir alles.
Tilge in uns, was Dir missfallen
oder entgegen sein könnte.
Deine Liebe präge sich so tief unseren Herzen ein,
dass wir Dich niemals vergessen,
dass wir niemals von Dir getrennt werden können.

Herr und Heiland,
bei Deiner ganzen Liebe bitten wir dich:
Lass unsere Namen tief eingeschrieben sein
in Deinem heiligsten Herzen.
Unser Glück und unsere Ehre soll es sein,
in Deinem Dienst zu leben und zu sterben.
Amen.

Margarita Alacoque

Christsein heißt in Beziehung leben mit dem, dessen Namen wir tragen – darauf weist das Gebet von Margarita Alacoque, auf deren Vision das Herz-Jesu-Fest zurückgeht, eindrucksvoll hin.
Emmeram Kränkl

Wie reich machst Du den, der Dich liebt

O Herr und großer Gott der Liebe,
wie reich machst Du den,
der einzig Dich liebt
und in Dir sich freut;
denn du selbst schenkst Dich ihm
und wirst eins mit ihm in Liebe.

Johannes vom Kreuz

Dieses Gebet, das ich in den Schriften des heiligen Johannes vom Kreuz fand, drückt für mich den Sinn und die Erfüllung meines Lebens aus.
Benedikt Müntnich

Herr Jesus, lebe in mir

Komm, Herr Jesus, und lebe in mir,
in der Fülle Deiner Kraft,
in der Lauterkeit Deiner Wege,
in der Heiligkeit Deines Geistes,
und bezwinge alle böse Macht
durch Deinen Geist
zur Ehre des Vaters.

Charles de Condren

Ich spreche dieses Gebet jeden Morgen auf dem Weg zum ersten Gottesdienst, weil ich mir wünsche, dass der dreifaltige Gott, Vater, Sohn und Heiliger Geist, wirklich in mir lebt und mein ganzes Sein und Handeln bestimmt.
Benedikt Müntnich

Ich überlasse mich dir – Gebet der Hingabe

Mein Vater,
ich überlasse mich dir,
mach mit mir, was dir gefällt.
Was du auch mit mir tun magst,
ich danke Dir.
Zu allem bin ich bereit,
alles nehme ich an.
Wenn nur dein Wille sich an mir erfüllt
und an allen deinen Geschöpfen,
so ersehne ich weiter nichts, mein Gott.
In deine Hände lege ich meine Seele.
Ich gebe sie dir, mein Gott,
mit der ganzen Liebe meines Herzens,
weil ich dich liebe,
und weil diese Liebe mich treibt,
mich dir hinzugeben,
mich in Deine Hände zu legen,
ohne Maß, mit einem grenzenlosen Vertrauen.
Denn du bist mein Vater.

Charles de Foucauld

Dieses Gebet, das mir vor Jahren zufällig in die Hände fiel, ist mir lieb wegen der unbedingten Hingabe an Gott, die es ausdrückt, und besonders wegen des letzten Satzes: »Denn Du bist mein Vater.«

Benedikt Müntnich

Von Charles de Foucauld ist dieses Gebet verfasst und überliefert, das als »Gebet der Hingabe« bekannt ist. Auch wenn ich (noch) nicht alle seine Aussagen zu unterschreiben vermag, so übt es doch auf mich eine starke Anziehungskraft aus, die den Versuch als Wunsch gebiert und dazu einlädt, mein Leben vor Gott und den Menschen in jene Richtung zu lenken, in der Jesu Leben sich bewegte.

Christian Schütz

Dieses Gebet von Charles de Foucauld, der 1916 in der Sahara ermordet wurde, ist ein durch und durch benediktinisches Gebet. Es bringt zum Ausdruck, um was es in unserem Leben letztlich geht.

Martin Werlen

Mit ganzem Herzen liebe ich dich

Mein Gott,
mit ganzem Herzen und mehr als alles andere
liebe ich Dich, unendliches Gut,
meine ewige Seligkeit.
Und aus Liebe zu Dir
liebe ich meine Nächsten wie mich selbst,
bin ich bereit,
empfangenes Unrecht zu verzeihen.
Mein Herr und Gott,
dass meine Liebe zu Dir noch wachse!

Johannes Paul I.

■ Für mich ist dieses Gebet eine Zusammenfassung all dessen, was Jesus uns gebracht hat und was er, aus Liebe, von uns will.
Benedikt Müntnich

Stoßgebete und Sinnsprüche

Herr, ich glaube,
hilf meinem Unglauben!
  Markus 9,24

■ Nach der Benediktsregel (Kap. 20) soll ein Gebet kurz sein! – Gerade kurze Gebete bringen in entscheidenden Situationen das Gemeinte auf den Punkt.
  Emmeram Kränkl

O Gott, komm mir zu Hilfe,
Herr, eile mir zu helfen.
  Psalm 70,2

■ Mein Gebet ist geprägt vom Stundengebet der Kirche. So ist auch mein Herzensgebet der Psalter. Einzelne Psalmverse wie zum Beispiel dieser wurden mir zum Stoßgebet. Ich habe das Vertrauen, dass ich in jeder Situation, in der ich allein nicht weiterkomme, mir Gottes Hilfe erbitten darf.
  Lucia Wagner

Ich eile voran auf dem Weg deiner Gebote,
denn mein Herz machst du weit.
  Psalm 119,32

Zum Lobgesang wurden mir deine Gesetze
im Haus meiner Pilgerschaft.
  Psalm 119,54

■ Diese beiden Verse aus dem Psalm 119 begleiten mich: Gottes Weisung wird Anlass zum Dank – sie gibt Geborgenheit wie ein Haus und führt zugleich auf den Weg in die Weite.
  Odilo Lechner

Verständige Menschen
verunreinigen nicht den Weg und Wald,
allen anderen ist es verboten.

Inschrift auf einer Tafel
am Rande eines Waldweges in Tirol

■ Menschen, die von Gottes Liebe erfüllt sind, übersetzen die zehn Gebote mit »Du wirst«, alle anderen mit »Du sollst«.
Johannes Paul Abrahamowicz

Mit Gebeten durch den Tag

Dank unserem Gott
– Am Morgen

Amen, Lob und Herrlichkeit,
Weisheit und Dank,
Ehre und Macht und Stärke
unserem Gott in alle Ewigkeit.
Amen.

Offenbarung 7,12

■ Dieses Gebet bete ich täglich, wenn ich am Morgen zu den Vigilien in die Kirche komme.
Kassian Lauterer

Wahrer Gott, ich glaub an dich
– Am Morgen

Wahrer Gott, ich glaub an dich,
treuer Gott, ich hoff auf dich,
gütiger Gott, ich liebe dich
und den Nächsten so wie mich.
Meine Sünden reuen mich.
Gib, Herr, dass ich bessere mich.
Dir ergebe ich gänzlich mich,
ja, dir leb, dir sterbe ich.
Amen.

Dieses Gebet, das ich auch am Morgen bete, hat mich meine Mutter als Kind gelehrt.

Kassian Lauterer

Stärke uns durch dieses Mahl
– Am Mittag

Guter Gott,
wir danken dir für dieses Mahl,
das du uns geschenkt hast.

Du hast den Tisch reich gedeckt mit guten Gaben,
in denen wir deine Güte
und Freundlichkeit erfahren dürfen.
Lass uns deine Gaben in Freude genießen.

Segne unsere Tischgemeinschaft,
damit wir dich in unserer Mitte erfahren
als den Gott der Liebe.

Segne unsere Gespräche,
dass sie uns einander näher bringen
und uns einander verstehen lassen.

Stärke uns durch dieses Mahl
und schenke uns einst Anteil an deinem ewigen Mahl,
an dem wir für immer dich genießen dürfen
als die Fülle des Lebens.

Darum bitten wir durch Christus,
unsern Herrn.
Amen.

Anselm Grün

Bei Tisch können wir die Güte Gottes und die Gemeinschaft untereinander erfahren. Dafür dürfen wir danken.
   Anselm Grün

Mutter des Mensch gewordenen Wortes
– Zur Nacht

Gedenke, gütigste Jungfrau Maria: noch nie hat man gehört, dass jemand, der zu dir seine Zuflucht nahm, um deine Hilfe flehte und um deine Fürsprache bat, verlassen worden ist.

Von diesem Vertrauen beseelt eile ich zu dir, Jungfrau, Mutter der Jungfrauen. Zu dir komme ich, vor dir stehe ich flehend als Sünder. Mutter des Mensch gewordenen Wortes, verschmähe nicht meine Worte, sondern höre sie gnädig und erhöre sie.

Amen.

Bernhard von Clairvaux zugeschrieben

■ Nach der Komplet mache ich täglich einen Besuch bei der als »Gnadenmutter von Mehrerau« verehrten spätgotischen Madonna mit dem Jesuskind beim Westportal unserer Klosterkirche.

Ihrem Schutz empfehle ich mit dem Gebet »Memorare«, das dem heiligen Bernhard von Clairvaux († 1153) zugeschrieben wird, alle Menschen an, die ihn brauchen.

Kassian Lauterer

■ Das Gebet begleitet mich seit meinem Erstkommunionunterricht, wo es uns von einer Ordensschwester übergeben wurde.

Theodor Hogg

Sei unser Heil, o Herr
– Zur Nacht

Sei unser Heil, o Herr, wenn wir wachen
und unser Schutz, wenn wir schlafen;
damit wir wachen mit Christus
und ruhen in seinem Frieden.

■ Im kirchlichen Nachtgebet (Komplet) fasst die Antiphon zum Preisgesang des greisen Simeon meinen Tag und meine Nacht zusammen.

Odilo Lechner

Kehre ein, o Herr
– Zur Nacht

Kehre ein, o Herr, in unser Haus, und halte jede feindliche Macht von uns fern. Lass deine heiligen Engel hier wohnen und wachen, damit wir in Frieden ruhen. Dein Segen komme über uns und über alle Menschen. Darum bitten wir durch Christus, unsern Herrn.

Oration der Komplet in Beuron

Dieses Gebet beten wir im Nachtgebet in der Erzabtei Beuron. Wir empfehlen in diesem Gebet uns und alle Menschen dem Frieden Gottes.

Theodor Hogg

Gebete für die Gemeinschaft

Blicke gütig auf unsere Gemeinschaft

Allmächtiger, ewiger Gott,
Du hast Deinen Sohn zu uns Menschen gesandt,
um uns Dein Erbarmen zu erweisen.
Blicke gütig auf unsere Gemeinschaft.
Nimm unseren guten Willen an
und verzeih uns unser Versagen.
Hilf uns miteinander im Geist der Versöhnung,
der Einheit und des Friedens zu leben.
Gib uns die Kraft, die innere Bereitschaft zu erhalten,
mit der wir angetreten sind,
damit unser Tun fruchtbar bleibt
und wir nach Deinem Willen wachsen
an Gnade und an Zahl.
Denn Du kannst wirken, was wir nicht vermögen.
Dir sei Lob und Dank in Ewigkeit. Amen.

Gebet in den Anliegen unseres Hauses

Eine geistliche Gemeinschaft bedarf der Hilfe von oben. Um diese Hilfe, die auch dort hilft, wo wir selbst uns nicht mehr zu helfen wissen, bittet das Gebet.

Emmeram Kränkl

Läutere unsere Liebe

Heiliger Gott,
deinem Willen gehorsam ist Jesus,
dein geliebter Sohn, für uns Mensch geworden
und in seiner liebenden Hingabe bis ans Kreuz
hat er uns ein Beispiel gegeben,
wie wir in seiner Nähe leben können.
Bleibe mit deiner Gnade bei uns,
läutere unsere Liebe,
damit wir miteinander
und füreinander
gütig und geduldig werden
als deine Zeugen im Leben und im Sterben.
Lass uns die Spuren seiner Auferstehung
schon jetzt dankbar erkennen
und nimm uns immer tiefer hinein
in das ewige Geheimnis
deiner uns befreienden Erlösung.
Darum bitten wir durch Christus unseren Herrn.
Amen.

Gebet nach der Fußwaschung in der Gemeinschaft

In einer Gemeinschaft braucht es die Haltung des Sich-gegenseitig-Dienens. Das Gebet verweist uns auf Jesus Christus, der uns diente, damit auch wir einander helfen und beistehen.

Johanna Domek

Damit unser Leben
deiner Liebe eine Antwort wird

Heiliger dreifaltiger Gott,
in deiner Liebe hast du Himmel und Erde
und alles Leben geschaffen.
In Liebe schaust du das Leben an.
Schau auf unsere Gemeinschaft.
Du kennst unsere Sehnsucht,
dir näher zu kommen.
Du kennst die Gebrochenheit
und Zerbrechlichkeit
unseres Lebens und Miteinanders
auf dem Weg durch diese Zeit
und weißt, wie sehr wir
deiner helfenden Gnade bedürfen.
Wir bitten dich,
dein Heiliger Geist
wirke in einer jeden von uns
und in unserer Gemeinschaft
nun neu Versöhnung und Einheit
und den Lobpreis deiner Führungen,
damit unser Leben
deiner Liebe eine Antwort wird

und deine Erlösung bezeugt
und wir dich heute
und an allen Tagen würdig preisen
in Christus, unserem Herrn.
Amen.

Gebet am Ende des monatlichen
Versöhnungskapitels in der Klostergemeinschaft

Auf Gottes Liebe können wir nur mit Liebe ant-
worten. Sie treibt uns dazu, uns der verzeihenden
Gnade Gottes anzuvertrauen, uns immer wieder neu
miteinander zu versöhnen.
Johanna Domek

Damit Gutes und Heiliges wachsen kann

Heiliger Gott, Schöpfer des Himmels und der Erde,
wir bitten dich um deinen Segen für diesen Raum.
Wehre allen Anfechtungen des Bösen,
damit hier wachsen kann, was gut und heilig ist,
und wir mit freiem Herzen deinen Willen tun.
Darum bitten wir durch Christus unsern Herrn.
Amen.

Johanna Domek

■ Dieses Gebet bei der großen Haussegnung am Ersten Advent, zu Beginn jedes neuen Kirchenjahres, bei der alle Räume unseres Klosters gesegnet werden, kann auf die Grundhaltung der Offenheit für Gottes Willen aufmerksam machen, mit der wir in unseren Häusern und Wohnungen leben sollen.

Johanna Domek

Damit viele Menschen zu dir finden
– Um einen guten Geist und guten Nachwuchs

Gütiger Gott,
schenke uns Beharrlichkeit und Ausdauer auf dem Weg
deiner Gebote,
damit auch in unseren Tagen viele Menschen zu dir fin-
den und deine Kirche dir immer eifriger dient.

Oration im Messbuch
am Dienstag der 5. Fastenwoche

■ Wir brauchen heute Menschen, die die Gebote Gottes leben und die Liebe Gottes in die Welt tragen.

Theodor Hogg

Gott, gib mir Gelassenheit

Gott,
gib mir die Gelassenheit,
Dinge hinzunehmen,
die ich nicht ändern kann,
den Mut,
Dinge zu ändern,
die ich ändern kann,
und die Weisheit,
das eine vom anderen zu unterscheiden.

Gerade auch der beziehungsweise die Obere einer Gemeinschaft braucht das Gebet, um gut mit den ihm oder ihr anvertrauten Menschen und den verschiedenen sich stellenden Problemen umzugehen.

Emmeram Kränkl

Du hast mich gerufen

Herr Jesus Christus, du hast mich gerufen,
dir in der Klostergemeinschaft von Einsiedeln
nachzufolgen.
Ich danke dir dafür.

Befreie mich vom ängstlichen Kreisen um mich selbst
und schenke mir den Mut,
die Gemeinschaft mitzutragen
und so selbst auch wieder neu durch die Gemeinschaft
beschenkt zu werden.

Erneuere unsere Gemeinschaft – und fange bei mir an.
Dir sei Lob und Preis, jetzt und in Ewigkeit.
Amen.

Martin Werlen

■ Dieses Gebet habe ich den Mitbrüdern geschenkt und sie eingeladen, täglich um Erneuerung unserer Gemeinschaft zu beten, so wie ich es auch tue.
Martin Werlen

Sei unser Lehrer im Dienste Christi
– Gebet zum heiligen Benedikt

Heiliger Benedikt, Vater der Mönche, Lehrmeister des
Abendlandes;
du hast den Geist der ersten Zeiten
und das Leben der Nachfolge Christi über den Nieder-
gang hinübergerettet;
du hast denen, die alles verließen, um den Herrn zu
suchen, ein Haus, eine Familie und eine weise Regel
gegeben;
du hast deine Söhne ausgesandt, und sie eroberten Volk
um Volk mit den Waffen des Friedens: dem Evangeli-
um Christi, der Arbeit und dem Gebet.

Wir bitten dich, gedenke am Throne des himmlischen
Vaters deiner Söhne und Töchter, die heute unter uns
nach deiner Regel leben, beten und arbeiten;
erbitte den Mönchen den Geist der Vollkommenheit, des
Gebetes und der brüderlichen Liebe;
mache das Mönchtum von heute zu einer festen Säule
der Kirche;
sei unser Lehrer im Dienste Christi und in der Abwehr
des bösen Feindes;

beschütze die Völker, die deinen Söhnen den Glauben
verdanken;
führe uns alle zu den Quellen des religiösen Lebens: zum
heiligen Opfer und Gebet, zum Worte Gottes und den
Schriften der Väter, zum Leben der Gnade inmitten
einer dunklen Welt.
Amen.

■ Dieses Gebet ist mir als Benediktiner besonders wichtig und ich bete es in abgewandelter Form oft.

Theodor Hogg

Mit Dichtern und
Dichterinnen meditieren

Gebet

O Gott, ich bin voll Traurigkeit ...
Nimm mein Herz in deine Hände –
Bis der Abend geht zu Ende
In steter Wiederkehr der Zeit.

Oh Gott, ich bin so müd, oh, Gott,
Der Wolkenmann und seine Frau
Sie spielen mit mir himmelblau
Im Sommer immer, lieber Gott.

Und glaube unserm Monde, Gott,
Denn er umhüllte mich mit Schein,
Als wär ich hilflos noch und klein,
– ein Flämmchen Seele.

Oh Gott, und ist sie auch voll Fehle –
Nimm sie still in deine Hände ...
Damit sie leuchtend in dir ende.

Else Lasker-Schüler

■ Ihrem Ringen um kindliches Vertrauen auf Gott in Zeiten der Traurigkeit verleiht Else Lasker-Schüler (1869–1945) in diesen wunderbaren Versen, die ich gerne bete, dichterische Gestalt.

Maria Magdalena Zunker

Die Sternseherin Lise

Ich sehe oft um Mitternacht,
wenn ich mein Werk getan
und niemand mehr im Hause wacht,
die Stern' am Himmel an.

Sie gehn da, hin und her zerstreut
als Lämmer auf der Flur;
in Rudeln auch und aufgereiht
wie Perlen an der Schnur;

und funkeln alle weit und breit,
und funkeln rein und schön;
ich seh' die große Herrlichkeit
und kann mich satt nicht sehn ...

Dann saget unterm Himmelszelt
mein Herz mir in der Brust:
»Es gibt was Bessers in der Welt
als all ihr Schmerz und Lust.«

Ich werf mich auf mein Lager hin
und liege lange wach
und suche es in meinem Sinn;
und sehne mich darnach.

Matthias Claudius

Die ganze Lehre Christi ist hier in einfachsten Worten neu gesagt.
   Otmar Wieland

Höchste Herrscherin der Welt!

Höchste Herrscherin der Welt!
Lasse mich im blauen,
Ausgespannten Himmelszelt
Dein Geheimnis schauen.

Billige, was des Mannes Brust
Ernst und zart beweget
Und mit heiliger Liebeslust
Dir entgegenträget

...

Dir, der Unberührbaren,
Ist es nicht benommen,
Dass die leicht Verführbaren
Traulich zu dir kommen.

In die Schwachheit hingerafft,
Sind sie schwer zu retten;
Wer zerreißt aus eigner Kraft
Der Gelüste Ketten?

Wie entgleitet schnell der Fuß
Schiefem, glattem Boden ?

Johann Wolfgang von Goethe, aus: Faust II

■ Das ist das Gebet des Dr. Marianus: Faust wird am Ende – ganz neutestamentlich – aus Gnade gerettet.
Otmar Wieland

Auf allen Stufen meines Leibes haust

Auf allen Stufen meines Leibes haust
ein Schmerz für sich und möchte heilig werden,
ich bin dem Kloster längst schon spinnefeind
und wäre lieber ein Zigeunerlager.

Der Abt ist irr, er trommelt immerfort,
statt sich zu sammeln, öden Abendsegen
und schläft nie ein, hält auch die andern wach,
weil alle Stufen unentwegt erzittern.

Sooft mein Widerstand lebendig wird,
treibt ihn der Täuscher durch die Klostergründe,
dort wo die Wirklichkeit ganz körnig ist
und Brot hervorbringt für die Hungerleider.

So bin ich Haus und Hof und Brotgerüst
und manchmal auch ein ganz geheimer Hügel,
wo meine Feindsal dunkle Trauben trägt,
damit die Heiligen Zigeuner werden.

Christine Lavant

■ Dieser Text ist für mich ein frommes Zorngebet von großer Tiefe.

Otmar Wieland

Weihnachten

Gott öffnet sich
als Sohn
in unser Ohr

Es überströmt uns
der ersehnte Friede

Bis tief ins Herz
verwandelt uns
die Liebe

begeistert uns
und Freude bricht hervor

Gott ist geboren
Überkühnes Wort

Das ewige Heil
in Zeit
hat Welt und Ort

Otmar Wieland

Nachfolge

Begeistert bedenkenlos Wagnis
Der reiche Jüngling verstummt
Handreichungsarm
Ohne Skizze
Ergriffene lassen sich ein

Ohne Netz an den Prüfseilen Gottes
Der lächelt den Hütten Tutus
Wer wollte die Wahl des Matthias?

Die Sicherheitsblind-Struktur

Otmar Wieland

Exerzitien

Distanz von Welt sucht Tiefengott-Kontakt
Ich schwinge
Kreatur
mich auf zum Gnadentanz
Ich überrenne Demutssprossen und Gesetzesholme
und liebe
über alle Ränder strömend nieder

Bin handgezählt
Ich zähle
Wie Sterne und wie Spatzen

Ganz
Gott
aus dir

Otmar Wieland

Bibellesen

Nicht dass ich es
nur lese um es
zu lesen

Ich habe nur das
unverschämte Glück
am Tropf dieser
Worte zu hängen.

Eva Zeller

■ Wie der Tropf lebensrettende Dosis für den Schwachen und Kranken ist, soll das Wort Gottes als geistliche Nahrung in mich hineinträufeln.
Anselm Zeller

Nicht müde werden

Nicht müde werden
sondern dem Wunder
leise
wie einem Vogel
die Hand hinhalten

Hilde Domin

Geduld führt zum tiefen Geheimnis, das mich umgibt.
Anselm Zeller

Supplikation

Hundertfach heiliger Gott,
starker und lächelnder –
denn Du erschufest den Papagei,
die Blindschleiche,
das gestreifte Zebra –
riefest ins Leben das Eichhörnchen
und die Flusspferde –
die Theologen kitzelst Du
mit des Maikäfers Schnurrbart –

Heute, da es mir so traurig,
schwül und düster zumute ist –
o lächle über mir

    Jan Twardowski
    übersetzt von Alfred Loepfe

Spielerisch und mit hintersinnigem Humor führt mich das Gedicht aus der Enge auf weites Land.
Anselm Zeller

Er sei mit dir

Der barmherzige und gute Gott segne dich.
Er umhülle dich mit seiner liebenden
und heilenden Gegenwart.

Er sei mit dir,
wenn du aufstehst und dich niederlegst.

Er sei bei dir,
wenn du aus dem Haus gehst
und wenn du wieder zurückkehrst.

Er sei mit dir,
wenn du arbeitest.
Er lasse dein Werk gelingen.

Er sei mit dir
in jeder Begegnung
und öffne dir die Augen für das Geheimnis,
das dir in jedem menschlichen Antlitz aufleuchtet.

Er behüte dich auf all deinen Wegen.
Er stütze dich, wenn du schwach wirst.

Er tröste dich, wenn du dich einsam fühlst.
Er richte dich auf, wenn du gefallen bist.
Er erfülle dich mit seiner Liebe,
mit seiner Güte und Milde,
und er schenke dir inneren Frieden.

Das gewähre dir der gute Gott, der Vater,
der Sohn und der Heilige Geist.
Amen.

Anselm Grün

Dieses Gebet spreche ich gerne als Segen anderen Menschen zu.

Anselm Grün

Hab du freie Hand in mir

Hab du freie Hand in mir,
Wollest deinen Ton bereiten,
Meine Kräfte seien dir
Leere, stille Fähigkeiten!
Du magst sie nach deinem Will'n
Selbst bewegen, selbst erfüll'n.

Gerhard Tersteegen

■ Dieser Text aus dem Gedicht »Feierabend« erinnert mich an das Töpfergleichnis (Jer 18,1–6) und an den Bibelvers »Ist Gott nicht dein Vater, dein Schöpfer? Hat er dich nicht geformt und vor sich hingestellt?« (Dtn 32,6)

Dieser Mann ist mir ein auserwähltes Gefäß (Apg 9,15) – so charakterisiert Christus den Apostel Paulus. Wir selbst dürfen Gefäße sein, die sich von Gott füllen lassen.

Basilius Sandner

Dich wirken lassen

Du durchdringest alles; lass dein schönstes Lichte,
Herr, berühren mein Gesichte!
Wie die zarten Blumen willig sich entfalten
Und der Sonne stille halten,
Lass mich so still und froh
Deine Strahlen fassen
Und dich wirken lassen!

Gerhard Tersteegen
aus dem Gedicht »Erinnerung der herrlichen
und lieblichen Gegenwart Gottes«

■ Nachdem ein Gefäß geformt und gereinigt ist, muss es gefüllt werden. Wir dürfen uns Gott entgegenhalten und uns von ihm füllen lassen.
Basilius Sandner

Du warest meine Sonne

Ich lag in tiefster Todesnacht,
Du warest meine Sonne,
Die Sonne, die mir zugebracht
Licht, Leben, Freud und Wonne.

O Sonne, die das werte Licht
Des Glaubens in mir zugericht',
Wie schön sind deine Strahlen!

Ich sehe dich mit Freuden an
Und kann mich nicht satt sehen,
Und weil ich nun nicht weiter kann,
So tu ich, was geschehen.

O dass mein Sinn ein Abgrund wär
Und meine Seel ein weites Meer,
Dass ich dich möchte fassen!

Paul Gerhardt
aus »Ich steh an deiner Krippen hier«

■ Sehr schön ist das Bild von der Sonne im Weihnachtslied »Ich steh an deiner Krippe hier« besungen. Wir sollten einem Meer mit seinen Dimensionen der Weite und der Tiefe gleichen, um Gott fassen zu können.

Basilius Sandner

gebet

lebendiger geist hervorgegangen aus dem lebendigen vater
und seinem lebendigen sohn jesus
lebendiger geist voller sinne sinn-voll sinnlich

du siehst meinen weg auch dort wo keine spuren sind
du hörst was ich sage auch dort wo mir die worte fehlen
du kannst mich dennoch riechen auch wenn mir so
*   manches stinkt*
du hast geschmack an mir gefunden auch dann
*   wenn ich ausgebrannt bin*
du spürst was mich bewegt und was mich bremst

alles ist voll sinn sinn-voller sinnlicher lebendiger geist
der mich erfüllt und mich umgreift

Beda M. Sonnenberg

Dieses Gebet ist mir wichtig, weil es mich daran erinnert: »... er gibt den Geist unbegrenzt« (Joh 3,34).
Beda M. Sonnenberg

Texte der Weisheit

Aus Liebe zu Christus

Wenn also der Mönch alle Stufen auf dem Wege der Demut erstiegen hat, gelangt er alsbald zu jener vollendeten Gottesliebe, die alle Furcht vertreibt. Aus dieser Liebe wird er alles, was er bisher nicht ohne Angst beobachtet hat, von nun an ganz mühelos, gleichsam natürlich und aus Gewöhnung einhalten, nicht mehr aus Furcht vor der Hölle, sondern aus Liebe zu Christus, aus guter Gewohnheit und aus Freude an der Tugend.

Benediktsregel 7,67–69

■ Es ist doch erstaunlich, wie sehr es bereits im fünften Jahrhundert galt, einen gewissen Moralismus abzugrenzen, und wie liebevoll dies der heilige Benedikt verstand.

Johannes Paul Abrahamowicz

Ich traue dich mir an

Ich traue dich mir an auf ewig;
ich traue dich mir an
um den Brautpreis von Gerechtigkeit und Recht,
von Liebe und Erbarmen,
ich traue dich mir an
um den Brautpreis meiner Treue:
Dann wirst du den Herrn erkennen.

Hosea 2,21–22

■ Wenn junge Menschen sich zur Ehe oder zum geweihten Leben berufen fühlen und dafür endgültige Treue bis zum Tod geloben – zitternden Gewissens, weil sie eigentlich ihre Zukunft nicht voraussagen können –, dürfen sie sich zugleich in standhafter Gewissheit auf Gott berufen, denn seine Treue wirkt in uns über den Tod hinaus.

Johannes Paul Abrahamowicz

Das Licht des Kreuzes Christi

Die einzige Lichtquelle, die hell genug ist, das Unglück zu erhellen, ist das Kreuz Christi. Gleichviel zu welcher Zeit, in welchem Land, überall, wo es ein Unglück gibt, ist das Kreuz Christi seine Wahrheit.

Jeder Mensch, der die Wahrheit so sehr liebt, dass er nicht in die Tiefen der Lüge eilt, um dem Antlitz des Unglücks zu entrinnen, hat an dem Kreuz Christi teil, was immer sein Glaube sein mag.

Hätte Gott zugelassen, dass die Menschen einer Zeit und eines Landes Christi beraubt wären, es wäre an einem sichtbaren Zeichen für uns erkennbar: Es gäbe kein Unglück unter ihnen. Wir kennen nichts dergleichen in der Geschichte.

Überall, wo das Unglück ist, ist das Kreuz, verborgen, doch gegenwärtig jedem, der die Wahrheit der Lüge vorzieht und die Liebe dem Hass. Das Unglück ohne das Kreuz ist Hölle, und Gott hat nicht die Hölle auf Erden eingerichtet.

Simone Weil

■ Dieser Text ist einer meiner Lieblingstexte von Simone Weil (1909–1943), der großen Mystikerin der compassio mit dem unsäglichen Leid, das Menschen aller Rassen, aller Zeiten, aller Kontinente je ertragen mussten und müssen.

Maria Magdalena Zunker

Er muss sich hergeben

Ich erinnere mich, als sei es gestern gewesen, der Stunde, in welcher diese Erkenntnis zur Entscheidung wurde.

Es war in meinem Dachkämmerchen im elterlichen Hause in der Gonsenheimer Straße. Karl Neundörfer und ich hatten über die Fragen, die uns beide beschäftigten, gesprochen, und mein letztes Wort hatte gelautet: »Es wird wohl auf den Satz hinauskommen: › Wer seine Seele festhält, wird sie verlieren; wer sie aber hergibt, wird sie gewinnen.‹«

Die Interpretation, die in der Übersetzung von Mt 10,39 lag, sagt, worauf es mir ankam. Es war mir allmählich klar geworden, dass ein Gesetz bestehe, wonach der Mensch, wenn er »seine Seele behält«, das heißt, in sich selber bleibt und als gültig nur annimmt, was ihm unmittelbar einleuchtet, das Eigentliche verliert. Will er zur Wahrheit und in der Wahrheit zum wahren Selbst gelangen, dann muss er sich hergeben.

Romano Guardini

»Will er zur Wahrheit und in der Wahrheit zum wahren Selbst gelangen, dann muss er sich hergeben.« – Dieser Satz aus dem Zitat von Romano Guardini geht mir besonders nach.

Wir können nicht religiös sein, ohne dabei uns selbst übersteigen zu müssen. Wenn wir dies nicht tun, bleiben wir unbeständig, eigensinnig und weich wie Blei. Wer nicht bereit ist, sich selbst zu verlassen, wird sich selbst verfehlen und auch nicht zu Gott durchbrechen.

Marian Eleganti

Diese Einung gebe uns Gott

Denn so viel bist du in Gott, so viel du im Frieden bist, und so viel außer Gott, wie du außer Frieden bist. Ist etwas nur in Gott, so hat es Frieden. So viel in Gott, so viel im Frieden.

Wieviel du in Gott bist, wie auch, ob dem nicht so sei, das erkenne daran: ob du Frieden oder Unfrieden hast. Denn wo du Unfrieden hast, darin musst du notwendig Unfrieden haben, denn Unfriede kommt von der Kreatur und nicht von Gott.

Auch ist nichts in Gott, das zu fürchten wäre; alles, was in Gott ist, das ist nur zu lieben. Ebenso ist nichts in ihm, über das zu trauern wäre. Wer seinen vollen Willen hat und seinen Wunsch, der hat Freude.

Das aber hat niemand, als wessen Wille mit Gottes Willen völlig eins ist. Diese Einung gebe uns Gott! Amen.

Meister Eckehart

■ Der eigentliche religiöse »Knackpunkt« liegt dort, wo der Mensch sich selbst verlässt und hingibt. Das Festhalten des eigenen Ego(-ismus) kann auf vielfache Weise maskiert und legitimiert werden und so weit gehen, dass der Mensch »Gott« sagt, aber im Grunde nur sich selbst meint.

Die eigene Religiosität wird dann so gelebt, dass sie »nichts kostet«, das die eigenen Ansichten, Bedürfnisse, Vorlieben und Interessen eher bestätigt als herausfordert. Der Text von Meister Eckehart mahnt uns an, Gott wirklich als Gott anzunehmen.

Marian Eleganti

Beteiligte Mönche und Nonnen

Prior P. **Johannes Paul Abrahamowicz** OSB (geb. 1960) ist seit Februar 2005 Prior in San Paolo fuori le Mura, Rom.

Priorin Sr. **Johanna Domek** OSB (geb. 1954) ist seit 1986 Priorin der Benediktinerinnen vom Heiligsten Sakrament in Köln-Raderberg.

Abt Dr. theol. **Johannes Eckert** OSB (geb. 1969) ist seit 2003 Abt der Benediktinerabtei St. Bonifaz in München und Andechs.

Abt Dr. theol. **Marian Eleganti** OSB (geb. 1955) ist seit 1999 Abt der schweizerischen Missionsbenediktinerabtei Uznach.

P. Dr. theol. **Anselm Grün** OSB (geb. 1945) ist Cellerar der Benediktinerabtei Münsterschwarzach, geistlicher Begleiter und Autor.

P. **Markus Haering** OSB (geb. 1953) ist Cellerar der Benediktinerabtei Metten sowie Schulseelsorger und Lehrer am dortigen St.-Michaels-Gymnasium.

Erzabt **Theodor Hogg** OSB (geb. 1941) wurde 2001 zum Erzabt der Benediktinerabtei St. Martin in Beuron gewählt.

Abt em. Dr. theol. **Emmeram Kränkl** OSB (geb. 1942) war von 1987 bis 2006 Abt des Benediktinerklosters St. Stephan in Augsburg und lebt jetzt in der Abtei Schäftlarn.

Abt Dr. theol. **Kassian Lauterer** OCist (geb. 1934) ist seit 1968 Abt der Zisterzienserabtei Wettingen-Mehrerau (Österreich) und damit auch Präses der Mehrerauer Kongregation.

Altabt P. Dr. theol. **Odilo Lechner** OSB (geb. 1931) war fast vier Jahrzente lang Abt des Benediktinerklosters Andechs und von St. Bonifaz in München. Bekannt wurde er durch zahlreiche Publikationen zu Themen der Seelsorge und der zeitgemäßen christlichen Spiritualität.

136

P. Dr. theol. **Theodor Lutz** OSB (geb. 1935) ist Prior der Benediktinerabtei Ottobeuren und in der religiösen Erwachsenenbildung und als Exerzitienleiter tätig.

Äbtissin **Johanna Mayer** OSB (geb. 1953) ist seit 2006 Äbtissin der Benediktinerinnenabtei Frauenwörth im Chiemsee.

Abt Prof. Dr. theol. **Dominicus M. Meier** OSB (geb. 1959) ist seit 2001 Abt der Benediktinerabtei Königsmünster in Meschede.

Abt **Benedikt Müntnich** OSB (geb. 1952) wurde 2002 zum Abt der Benediktinerabtei Maria Laach gewählt.

P. **Basilius Sandner** OSB (geb. 1938) ist seit 2007 Prior-Administrator der Benediktinerabtei St. Martinus in Weingarten bei Ravensburg.

Priorin Sr. M. **Assumpta Schenkl** OCist (geb. 1924) wurde 1987 zur Äbtissin der Zisterzienserinnenabtei Seligenthal in Landshut gewählt. Seit 1999 ist sie Priorin des Klosters Helfta in Sachsen-Anhalt.

Erzabt **Jeremias Schröder** OSB (geb. 1964) ist seit 2000 Erzabt von St. Ottilien und damit zugleich Abtpräses der Missionsbenediktiner.

P. Prof. Dr. theol. **Christian Schütz** OSB (geb. 1938) war bis 2007 der fünfte Abt der Abtei der Missionsbenediktiner in Schweiklberg bei Vilshofen. Seitdem ist er Spiritual im Benediktinerinnenkloster Neustift.

P. Dr. theol. **Beda Maria Sonnenberg** OSB (geb. 1966) ist seit 2007 Prior-Administrator der Benediktinerabtei Plankstetten.

Priorin Sr. Dr. phil. **Lucia Wagner** OSB (geb. 1938) ist seit 1993 Priorin der benediktinischen Kommunität Venio in München.

Abt **Martin Werlen** OSB (geb. 1962) ist seit 2001 Abt der Benediktinerabtei Einsiedeln (Schweiz) und als Dozent an der dortigen Theologischen Schule tätig.

P. Dr. phil. **Otmar Wieland** OSB (geb. 1937) ist Benediktiner der Abtei St. Stephan in Augsburg.

Abt **Anselm Zeller** OSB (geb. 1938) ist seit 1996 Abt der Benediktinerabtei St. Georgenberg-Fiecht in Tirol.

Sr. Dr. phil. **Maria Magdalena Zunker** OSB (geb. 1956) ist Benediktinerin der Abtei St. Walburg in Eichstätt.

Quellenverzeichnis

Wir danken den Verlagen und Rechtsinhabern für die Erteilung der Abdruckgenehmigungen. Bei einigen Texten war es trotz gründlicher Recherche nicht möglich, die Inhaber der Rechte ausfindig zu machen. Honoraransprüche bleiben bestehen.

S. 16, 18, 19, 78, 82, 127: Einheitsübersetzung der Heiligen Schrift, © 1980 Katholische Bibelanstalt, Stuttgart.

S. 28: „Komm herab, o Heiliger Geist", Maria Luise Thurmair, Markus Jenny, © Christophorus Verlag, Freiburg.

S. 32: „Veni Creator Spiritus", Übertragung Friedrich Dörr 1969 Rechtenachfolge, Caritasverband für die Diözese Eichstätt e.V.

S. 54: Carmen Bernos de Gasztold, Gebete aus der Arche. Aus dem Französischen von Altfrid Kassing und Ansgar Stöcklein. Mit Illustrationen von Roland Peter Litzenburger. Erweiterte Ausgabe 1990, © Matthias-Grünewald-Verlag, Mainz.

S. 55: „Ik sta voor U", Huub Oosterhuis, deutsche Übertragung Lothar Zenetti, © Christophorus Verlag, Freiburg.

S. 57: Lothar Zenetti, Auf seiner Spur. Texte gläubiger Zuversicht (Topos Plus 327), 4. Auflage 2006, © Matthias-Grünewald-Verlag der Schwabenverlag AG, Ostfildern.

S. 104: Else Lasker-Schüler: „Gebet". Aus: Else Lasker-Schüler, Gedichte 1902–1943, © Suhrkamp Verlag, Frankfurt am Main 1996.

S. 110: „Auf allen Stufen meines Leibes haust". Aus: Christine Lavant, Spindel im Mond. © Otto Müller Verlag, 6. Auflage 2006, Salzburg.

S. 115: Eva Zeller: „Bibellesen". Aus: Eva Zeller, Das unverschämte Glück. Neue Gedichte. © 2006 Radius-Verlag, Stuttgart.

S. 116: Hilde Domin: „Nicht müde werden". Aus: Hilde Domin, Gesammelte Gedichte. © S. Fischer Verlag GmbH, Frankfurt am Main.

S. 126: Die Regel des Hl. Benedikt. Herausgegeben im Auftrag der Salzburger Äbtekonferenz. 15. Auflage, Beuroner Kunstverlag, Beuron 1990.

S. 130: Alle Autorenrechte liegen bei der Katholischen Akademie in Bayern. Romano Guardini, Berichte über mein Leben, 5. Auflage 1995, in ders., Stationen und Rückblicke / Berichte über mein Leben, S. 69 f. Verlagsgemeinschaft Matthias-Grünewald, Mainz / Ferdinand Schöningh, Paderborn.